BEI GRIN MACHT SICH IHR
WISSEN BEZAHLT

AF151421

- Wir veröffentlichen Ihre Hausarbeit,
  Bachelor- und Masterarbeit

- Ihr eigenes eBook und Buch -
  weltweit in allen wichtigen Shops

- Verdienen Sie an jedem Verkauf

Jetzt bei www.GRIN.com hochladen
und kostenlos publizieren

Verena Löhr

Visualisierung durch Poster mit Exkurs zur Gruppenpuzz-le-Methode

GRIN Verlag

Bibliografische Information der Deutschen Nationalbibliothek:

Die Deutsche Bibliothek verzeichnet diese Publikation in der Deutschen National-
bibliografie; detaillierte bibliografische Daten sind im Internet über http://dnb.d-
nb.de/ abrufbar.

Impressum:

Copyright © 2013 GRIN Verlag GmbH
Druck und Bindung: Books on Demand GmbH, Norderstedt Germany
ISBN: 978-3-656-52680-3

Dieses Buch bei GRIN:

http://www.grin.com/de/e-book/263366/visualisierung-durch-poster-mit-exkurs-zur-
gruppenpuzzle-methode

GRIN - Your knowledge has value

Der GRIN Verlag publiziert seit 1998 wissenschaftliche Arbeiten von Studenten, Hochschullehrern und anderen Akademikern als eBook und gedrucktes Buch. Die Verlagswebsite www.grin.com ist die ideale Plattform zur Veröffentlichung von Hausarbeiten, Abschlussarbeiten, wissenschaftlichen Aufsätzen, Dissertationen und Fachbüchern.

Besuchen Sie uns im Internet:

http://www.grin.com/

http://www.facebook.com/grincom

http://www.twitter.com/grin_com

Visualisierung durch Poster mit Exkurs zur Gruppenpuzzle-Methode

Wenn Schülerinnen und Schüler ein Poster anfertigen sollen, werden dabei zunächst allgemeine Ziele verfolgt. Das bereits gelernte Wissen muss angewendet werden, wobei die Lernerfolge durch die Schüler selbst automatisch überprüft werden. Um ein Poster zu erstellen, müssen zunächst Informationen gesammelt, kategorisiert, strukturiert und vernetzt werden. Poster dienen zur Ergebnissicherung und zur Präsentation, weshalb dieses Medium gerne bei Gruppenarbeiten eingesetzt wird. Desweiteren können Poster eine Anschlussdiskussion im Plenum anregen. Hinsichtlich der didaktischen Umsetzung verfolgt das Poster vier Ziele.

Einerseits ist das Erstellen eines Posters handlungsorientiert. Dabei fungiert der Realitätsbezug als Ausgangspunkt des Posters, zum Beispiel durch Bilder von konkreten Handlungssituationen, die auf dem Poster angebracht werden können. Die Texte, die von den Schülern auf die Poster geschrieben werden, sollen nicht nur Fachwissen vermitteln, sondern auch einen Bezug zum kompetenten Handeln aufweisen.

Als zweites didaktisches Ziel ist die Eigenaktivität des Lernenden zu nennen. Dies ist einerseits durch das Anfertigen des Posters gegeben, indem sich der Schüler mit dem Stoff auseinandersetzt. Andererseits sind eine aktive Auseinandersetzung und eine Reflexion der Visualisierung nötig.

Das dritte didaktische Ziel ist die Subjektorientierung. Beim Erstellen der Poster sollen die Schülerinnen und Schüler auf ihre eigene Biographie, ihre Vorerfahrungen und ihren Lernstand zurückgreifen.

Als letztes didaktisches Ziel eines Posters ist die Kompetenzorientierung zu nennen. Hierbei gelten die Prinzipien: Fundieren durch Wissen, Konstituieren durch Werte, Disponieren durch Fähigkeiten, Konsolidieren durch Erfahrungen und Realisieren durch Willen.

Die Visualisierungsmethode des Posters bietet verschiedene Kombinationsmöglichkeiten im Einsatz während des Unterrichts. Im Vorfeld könnte beispielsweise eine Brainstormingphase, ein Mindmapping, Textarbeit oder ein Gruppenpuzzle stehen. Im Anschluss der Postererstellung könnte eine Diskussion im Plenum folgen oder ein Lernspaziergang entlang der angefertigten Poster.

Vor allem bei dem eben genannten Gruppenpuzzle ist die Visualisierungsmethode des Posters sehr geeignet, um die Ergebnisse jeder einzelnen Gruppe zu sichern und den Mitschülern präsentieren zu können.

Das Gruppenpuzzle ist eine Methode des kooperativen Lernens, die 1971 in Austin, Texas von Sozialpsychologen um Elliot Aronson entwickelt wurde. Das Gruppenpuzzle wird auch als Jigsaw-Methode, zu Deutsch „Laubsägen-Methode", genannt, da ein großes Thema in Teilgebiete unterteilt wird.

Das Gruppenpuzzle ist eine Gruppenarbeitsmethode mit doppelter Gruppenstruktur. Dabei erfolgt ein Wechsel zwischen der Expertengruppe, in der erarbeitet wird, und der Stammgruppe, in der vermittelt wird.

Die Gruppenpuzzlemethode ist empirisch gut erforscht, wird aber bezüglich des Lernerfolgs kontrovers diskutiert. Dennoch ist die Wissenschaft sich darin einig, dass die sogenannte Expertenphase für den Lernerfolg am fruchtbarsten ist.

Die Methode unterteilt sich in vier Phasen.

Phase 1 ist die Vorbereitungsphase durch die Lehrperson. Der Lehrer hat die Aufgabe, ein Oberthema in verschiedene, kleinere Teilgebiete zu unterteilen. Außerdem müssen Lernziele formuliert und geeignetes Material ausgewählt werden.

Die zweite Phase stellt die Bildung von Stammgruppen dar. Schüler finden sich in Stammgruppen zusammen, in der jeder ein eigenes Thema zur Bearbeitung erhält. Dies kann willkürlich oder unwillkürlich geschehen. In der darauffolgenden Phase, der Erarbeitungsphase in Expertengruppen, finden sich alle Gruppenmitglieder mit dem gleichen Thema in einer Expertengruppe zusammen und erarbeiten das Thema anhand von Materialien. Gegebenenfalls werden Aufgaben bearbeitet und offene Fragen geklärt. Dieser Prozess bildet gleichzeitig die wichtigste Lernphase, da sich die Schüler hier mit dem Stoff auseinandersetzen und sich gegenseitig helfen können. Nun findet die Vermittlungsphase in der Stammgruppe statt. Die Experten gehen zurück in ihre Stammgruppe und vermitteln ihr erarbeitetes Wissen an die Gruppenmitglieder. Am Ende dieser Phase kann eine gemeinsame Lösung einer Aufgabe stehen, aber auch ein Reflexionsgespräch im Klassenverband.

Während des Gruppenpuzzles verändert sich zudem die Rolle des Lehrenden. Er ist nicht mehr in seiner eigentlichen Rolle als Lehrperson, da diese von den Schülern eingenommen wird. Der Lehrer sorgt für eine angemessene Einteilung der Themen und für die Auswahl geeigneter Materialien. Außerdem steht er für Fragen als Ansprechpartner zur Verfügung. Für den Abschluss des Puzzles wählt er geeignete Aufgaben oder Reflexionsfragen zur Überprüfung des Lernstandes aus.

Diese Sozialform beinhaltet eine große Verantwortung für jeden Schüler, da dieser als Experte für den Lernerfolg seiner Stammgruppe verantwortlich ist. Das kann sich positiv auf die Motivation und das Selbstbewusstsein der Schüler auswirken. Außerdem können Vorurteile abgebaut werden, wodurch das Schulklima verbessert werden kann. Durch die Bearbeitung eines gemeinsamen Themas wird der Zusammenhalt der Schüler gefördert, der Wettbewerbsgedanke entfällt. Schüler erlernen soziale Kompetenzen durch die Gruppenarbeit, wie beispielsweise den Umgang mit Meinungsverschiedenheiten. Insgesamt ist die Gruppenpuzzle-Methode handlungsorientiert anstatt lehrerzentriert.

Dennoch birgt die Methode auch einige Risiken. Bei fachlicher oder methodischer Überforderung kann in der Klasse Unruhe entstehen. Dies ist ebenfalls möglich, wenn die Aufgabe von den Schülern nicht ernst genommen wird.

Besonders motivierte Schüler können durch demotivierte Schüler oder durch eine schwer laufende Gruppenarbeit das Interesse an der Aufgabe verlieren. Ein weiteres Problem entsteht, wenn ein Schüler eine Stunde fehlen sollte, da so der gesamte Gruppenprozess ins Stocken geraten könnte.

Insgesamt ist darauf zu achten, dass der Lernerfolg bei allen Schülern überprüft wird, vor allem in der Vermittlungsphase.

Die Rolle des Lehrenden ist demnach auch bei der Visualisierungsmethode des Posters nicht zu unterschätzen. Der Lehrer hat die Aufgabe ein Thema oder verschiedene Themen vorzugeben. Nicht zu unterschätzen ist außerdem die Organisation von geeigneten Materialien. Hierbei sind vor allem bunte Stifte, geeignetes Papier oder Pappe, Klebeband und Scheren sinnvoll. Für die Schüler ist es zudem wichtig, dass der Lehrer für die Erarbeitungsphase eine klare Zeitangabe macht, sodass sich die Schüler bei der Bearbeitung ihrer Aufgaben daran orientieren können. Je nach Lerngruppe kann es sinnvoll sein, wenn der Lehrer die Rollenverteilung innerhalb der Arbeitsgruppen übernimmt, sodass es nicht schon vor der Erarbeitungsphase in den Gruppen zu einem Streit kommen kann. Insgesamt fungiert der Lehrer während der Postererstellung als Hilfe und Berater, was den Schülern auch im Vorfeld deutlich gemacht werden sollte. Nach der Erstellung der Poster ist es sinnvoll, wenn der Lehrer die fertigen Werke fotographiert oder in der darauffolgenden Stunde wieder mitbringt, um noch einmal darauf zurückgreifen zu können. Außerdem ist es die Aufgabe des Lehrers, weiterführende Unterrichtseinheiten zu dem Thema zu erarbeiten.

Auch die Rolle der Lernenden verändert sich. Innerhalb einer Gruppe muss sich auf eine Darstellungsform geeinigt werden. Ebenso geschieht es bei der Erstellung des

Posters selbst, da man sich beispielsweise auf Schrift oder Bilder einigen muss. Im Anschluss können die Schüler selbst entscheiden, ob die Gruppe gemeinsam das Poster präsentiert, oder ob dies ein Schüler allein übernimmt. An dieser Stelle kann der Lehrer allerdings auch eine Vorgabe machen. Wichtig bei der Präsentation der Poster ist das Eingehen auf Nachfragen von Seiten der Mitschüler. So kann eventuell im Anschluss auch eine Diskussion stattfinden, die von den Schülern selbst moderiert wird. Die Visualisierungsmethode des Posters erzielt bei den meisten Schülern durch die Eigenverantwortung eine vergleichsweise hohe Motivation. Außerdem wird die Kreativität gefördert und ein soziales Interagieren innerhalb der Gruppen geschult. Letztendlich wird auch durch die anschließenden Präsentationen der Poster das freie Reden vor den Mitschülern geübt.

Literatur

Bergedick, Alexandra/ Rohr, Dirk/ Wegener, Anja: Bilden mit Bildern. Visualisieren in der Weiterbildung. (Perspektive Praxis) W. Bertelsmann Verlag, Bielefeld: 2011.

Drumm, Julia (Hrsg.): Methodische Elemente des Unterrichts. Sozialformen, Aktionsformen, Medien. Vandenhoeck & Ruprecht, Göttingen: 2007.

Einhard Schrader, Joachim Biehne, Katja Pohley: Optische Sprache. Vom Text zum Bild, Von der Information zur Präsentation, ein Arbeitsbuch. Überarbeitete Auflage, Windmühle Verlag, Hamburg: 1991.

Hartmann, Martin/ Funk, Rüdiger/ Nietmann, Horst: Präsentieren. 3. Auflage, Beltz Verlag, Weinheim und Basel: 1995.